AF450976

Expiatorios de un par de palabras

José Walter Córdova Durand

EDIQUID

EXPIATORIOS DE UN PAR DE PALABRAS
© José Walter Córdova Durand

Editado por: Corporación Ígneo, S.A.C.
para su sello editorial Ediquid
José Olaya 169, Ofic. 504, Miraflores. Lima, Perú
Primera edición, septiembre, 2024

ISBN: 978-612-5160-62-1
Titaje: 50 ejemplares

Hecho el Depósito Legal en la Biblioteca Nacional del Perú N° 2024-09040
Se terminó de imprimir en septiembre de 2024 en:
ALEPH IMPRESIONES SRL
Jr. Risso Nro. 580 Lince, Lima

www.grupoigneo.com
Correo electrónico: contacto@grupoigneo.com | Teléfono: +51 955 071 270
Facebook: Grupo Ígneo | X: @editorialigneo | Instagram: @grupoigneo

Colección: Nuevas Voces

Contenido

Dedicatoria

Quiero dedicar este libro a mí mismo, por tener el veloz dinamismo de un ave al estallar contra el arte de volar e impulsarme a leer y escribir. Agradezco a mi mente en sí. Agradezco al café, y a mis padres.

El título puede parecer complicado para significar el mismo trabajo. Me hablaban las voces de mi nido espiritual frases como: «pero a veces debemos ser palabras y dejarnos leer», ser libres en la vida. Sí, esa misma vida que nos defeca las emociones y nos escupe en la cara. Esas versiones libres de la misma vida innata y pasajera.

He perdido varias estatuas de mí mismo, pasiones, y solo encontré consuelo en la música, especialmente en eso, la poesía, la escritura y el amor. En este poemario comparto algunas pocas cosas que me han ocurrido, especialmente las de mi corazón vago, que te invita a ver más allá del gris pasaje de las letras y estanterías.

Corazón emplomado

La caza de hadas vuela
en esta Prada.

Vuela como un cóndor
arrasando contra la marea del viento.

Efímero el malestar del diente aéreo,
la danza de condenas bosteza mi mente,

y mi corazón plomado
está en polvo
no se sabe ni muerde
solo está viviendo

sintiendo el polvo de la autofilia
amarrada a su lazo plomado de polvo.

Ratón humano airoso

Sombrero negro caído en pluma
Atardece los colores del viento

Mismos colores de la tela templada al sol
Maúlla los gestos oscuros

La visita un hombre negro
Templado con la vista
Templada con la sumisa soledad aúlla
Aúlla en esa llana vacía de miserias

El hombre busca artífice del llanto
No lo encuentra

Oh, pequeña prosa, de manías inquietas
Dentro del cofre encontró tinta y rasgó sus pedazos contra él

Hiriéndose con prosa
Soy letra en ella

El sombrero maldito es tinta
Soy papel entre mares
Soy pez en letra

He estado durmiendo en coral
Gastando mis burbujas en la paramnesia del mar con la sal

Comprando impermanencia
Moriré con la pereza marcando
Marcando la muerte

Arrasando contra el buque
Perdido entre lo buscado cazado entre las mugres

La carencia adormecida en el mar duerme

La carencia de la luz en el alma
puede llegar lejos,

tan lejos que los montes se rodean en tu eje.
La mitad de ti es otra perla,

otra infinidad de ver la mitad plagada al pecho
y postrada como una estatua.

No puedo contabilizar las nubes ni ver formas
porque mi mar de ideas no es igual.

Sin las estrellas rosadas,
vivo sin ver.

Escucho lo necesario,
vivo con lamentos.

Y no vivo comiendo ni carcomiendo,
solo escribiendo.

Todo puede estar quebrantado,
pero en el fondo hay paradigmas,
esos mismos que te abren las alas
y las puertas en una zanja oscura.

Tal vez la luz me coma,
me abrace.

Laguna de pensar en ti

Mares abiertos, cerebros,
sesos abiertos,
captar la nada en un baúl con oxígeno.

La idea de pensar en la nada me enloquece.

Los ojos carmesíes
son gotas de miseria en la premia miseria del hombre.

En personas muertas de vida,
las llamas son golpes.

Como el fulgor,
es bello y trágico ver el espejo de la palabra.

Cable de mi corazón

El tiempo se transforma hasta llorar,
con el pasaje del tiempo no se mueve este tren bizarro.

Las pinturas no se mueven sin tu sombra,
hasta el muladar del abismo de tu sonrisa.

Esa misma abrupta línea de tus labios,
formando la raíz de mi sonrisa,
no sirve para la nodriza de esta palma,
encarcelada con las manos suaves de pestaña.

Llena de dinamita de robles,
fui a este albino tiempo,
donde mi mente se estalló
con el fermoso tiempo veraniego del zapatero.

Lágrimas del niño

Mis lágrimas corrieron como un niño,
fuiste el último pasajero.

Pensamientos del río,
pensamientos de la belleza.

La flor de la vida radica en oportunidades,
me dolió ver esas letras pensadoras
volantes sobre el ataúd.

Tu voz tan hermosa
tan hermosa, tan de bronce y plata,
tal vez me inunde este color a mi sastre.
Tal vez dejaste en mí la tela, pero dejé tan poca en tu color.
Tal vez inundaste mi vestidura,
solo tal vez.

Fragmentos apotropaicos en una noche embrujada

Mis manos ya no son lo que eran antes,
pueden ser pétalos mis anulares y meñiques,
pero también pueden ser escrúpulos.

Pero este día,
algunos mensajes me tratan
como si fuera una persona arrollada,
esperando que el rechazo del amor
le envuelva una y otra vez
como la capa de una flor.

Flor de amistades,
flor de trazados mentales,
flor.

Palabras del 23

Los días pasan,
las horas mutan,
los ritmos son ligeros y melifluos,
no queman ni helarán.

Me florece el alma
como si se tratara de un cáliz de fuego
o un lamento dulce,
la dulce angustia cae como un vino
sobre mi cabeza.

Dando como un coco a la idea de aburrirme de todo,
no quiero nada con el poco arrebol de mi cuerpo.

Nadar en ella y quedarme ahogado en la vis de mis ojos no es día
ni nadar sobre los muertos me hace ver el día,
solo silencio de mi Prada amarillenta.

Semilla nostálgica

Tu voz es como una flor,
pronto morirá,
pronto se marchitará,
caerá la semilla en mi mente,
esta crecerá,
y florecerá en mi mente,
moriré y los restos serán mi viviente eterna.

Luz de las pasiones

La luz de esta habitación
es tan grande como tus labios.

Como la luz que me guía,
tus ojos se descansan en la mirada del aire,
el fuego tiene caducidad,
entre árboles de ensueños mataron el tacto a la humanidad.

La vida es una, dicen eso,
pero yo veo en fuego y no hay ni una.

Enciérrame en ese undívago de algas humanas,
el fuego de esta tormenta no se predice,
el fuego no advierte de la procela viva,
aire estancado de mis ataduras son fuego hoy y nunca.

Crepúsculo del corazón de hielo,
cambiante como las corrientes de mis venas y mis alelos.

Imposible

Amanecí pegado con una palabra
imposible,
imposible con la pegada en lo más alto y luego de eso no podía
dejar
de pensar en ti.

Es algo mágico todo esto,
algún día me entenderás futura condena,
lagrimeos pangeos.

Olla lóbrega

Concretar este augurio de cosas y mal pasos
es una futura olla lóbrega.

Se derramaron como vino en hoguera
comenzó el invierno, tan nefasto, triste, lleno de uvas
lleno de tales, había esas manzanas en mi mente, llenos de esos
hubiesen

se creó el vino
con un tintero de amor
sequé, morí y renací

siento como un animal al no poder describir.
Siento la cárcel predilecta a tu manera.

Mares negros

La música es la salvación para los prósperos,
cada vez les da su pizca de medicina a esas personas que el mundo
las carcome,
como yo,
la vez que me siento más caído que la gravedad
arrasando con un lapicero
es esta vez.

Melodías en un lago oscuro pasan
sobre aquel hombre,

la bocha choca en mi paradero,
melodías tibias pasan por el sumidero,
mares y mares plagados de llanas oscuras
prefieren carcomer la mente y no pasar
entre lo capaz y lo próspero,
esperarán su muerte.

El adiós

Puede decirse de varias formas,
volar también se puede hacer de varias formas.

Cortar alas para abrirse y despejar,
como una metamorfosis es volar,
si volar al camino correcto.

Tan arduas y fugaz como un cometa,
tan veloz y ferviente como una estrella.

Pasaron años para verse,
solo espero conocerte y brillar,
brillar entre el cielo y quedarme estancado y no salir ubérrimo,
besa mi materia,
besa mi mente.

Adiós.

Oscuridad divina

Quisiera volar y hundirme en el deseo,
quisiera estar y no poder,
quisiera conseguirlo y no seguir,
solo quisiera avanzar.

Si las cosas no son nada,
cómo explica ese sentir,
ese algo,
esa presencia.

Las ratas de mi cabeza me comen a gritos,
y un hombre pisa mi noble corbata,
escribo solo desde que nací.

Mi compañía es un taxi maldito,
no viene ni va,
solo deambula en el oscuro edén.

Transcurren las horas,
cada tic cada toc es una pausa en mi vida.

Quisiera dejar el vaso para ser el agua,
ser el vino que derrama en el pan,
estar en los dientes del león del abismo
para ser lo que no quiero, pero me toca ser.

Pensar y prestarme en ella,
derretirme en sus ojos en glamur,
derretirme de flores y morir,
ella, primavera innata.

Y yo, agua estancada de problemas,
pero como si fuese un sumidero se liberan,
en esta vereda del mañana.

Revivir en la letra con sus semillas,
vivir en su florero,

pensar en lo que es,
lo afable que el mar puede abrazar,
es licuefacer su audición hasta morirme.

Morir sin ver el cielo con ella,
es morirse sin verse transformado,
es trágico.

La rosa está amodorrada y templada en la neblina

Caí de mi cama enloquecido,
pensando en despertarme para encontrarme en otro nido.

Pensaba en un lecho cómodo junto a tu lado,
pensar en la Ilíada de mis problemas azulados.

Pensar en un alero despojado de suciedad,
pensar en qué pasará mañana con la sociedad.

Tal vez construir una máquina del tiempo,
en una era de color para calmar mi pájaro de emociones.

Eres una talladura de ángel,
talla de rosas equilibradas a tu cintura,
rosas plagadas en tu pecho.

Tu pelo fino como un caviar,
salvaje como un pisar,
písame de una y no me resbales,
tus aromas más brillantes.

Desde que estuve sin hablar,
esa mirada del cielo raptor se nace de ti
Desde que estuve sin hablar,
la mirada sonríe a cambio del país mojado y gris.

Pienso retenerme en mi mente como una pieza de ajedrez negra
de color carne limeña
y como jugada bloqueas mi mente,
eres reina atacando.

Y yo sirviendo,
soy pan en boca del muerto.

Luego piso la escena y describo mis retiros,
retiros de mis emociones y tal vez escenarios fundidos.

Borrar escritos
pensando en acomodarme,
pensando en la neblina de mis emociones,
pensando en tu vis,
en tu presencia
ahora y siempre,
solo en ti.

Tiempos aleñados

No he parado de pensar en esa ecuación
enlazada a tu sonrisa,
en todo lo que te rodea,
es un encuentro,
conocí un prisma de luz.

Rodeaba , complementaba y adornaba todo a tu alrededor con
algo telúrico,
calles con personalidad ilustre y en contra luz bello
linda como tocar el agua fina de un río estrecho o de una playa
recién tocada.
Eres

Mar entre el bosque,
y eres noche entre otoño,
primavera entre las hojas escondidas,
e invierno cuando llueve,
llueve todo,
virtudes llueven y caen templadas en la nada,
solo algunas personas pueden ver eso,
sí,
eso, eso que hace fugaz y única.

Única a tu manera,
y la manera más brillantemente alcalina de ser entre todos,
mi bello río.

Señora laguna de gente

Cansado, cansado y solo cansado,
pero qué esperar de la vida, ¿realmente cuesta?
Señora laguna de gente,
conoce mi agua,
¡por favor!

Familia tierra,
arenal asco del pesebre tierra,
¡escarabajo! ¡Oh, mar! ¡Oh, tierra!
Descansan en la mirada del aire,
mirando un descenso terrario,
¡sanguijuelas del amor, oh tierra!

Posada vernáculo

La noche quema más que el sonido,
que posada de gente,
que posada de noches,
tendido mi alma,
no supo qué hacer,
(no supe realmente huir).

Dos de alma

Podré discernirme en la postura de un lápiz bajo el sol,
como la sombra degradada de lágrimas en tu papel.

Pensé concluyéndome en el vacío de estos vocablos textos,
en estos lares de intensidad.

Pero no llegarás,
ni con la fuerza de los vientos, mares y lavas del pensamiento.

Te vi como una luz hecha y directa,
despiertas un domingo por la tarde con la luz inmerecida,
oscuridad hecha en viento,
acecha mi habitación otra vez,
tu voz linda, siempre y hoy.

Llenas esta noche de nervios y angustia,
ojalá poder comer un pan de desmesuras de flagelo de amores,
tan solo comer viento,
siempre y hoy.

Luna picada

Se pica la noche,
se pica mis sentidos,
se pica mi tiempo de deseos de hombre.

Esta colorida y salada noche funden los olores que me complacen
el doble.

Esta solemne noche sueño,
afijo tenerte en mis brazos,
recorren líneas de esperanza aéreas,
se afilian,
afijar en una hendija de amor.

No lo ves, mujer piedra.
No, eso es un recuerdo de tu beso de piedra.

Esa alma de luz,
esos ojos con destellos hermosos de incrementos raquíticos,
detalles invisibles corriendo en el sol en tus ojos.

Recorrí fisuras de ensueños recordando lo que eras,
tus labios, oh, muy rojizos, y tu cabello con una degradada
cascada.

Un lado bidireccional a la felicidad,
se muestra como una puerta sin sombras,
sin corazón de alma.

Quería estar solo

Quería estar en el sol de mí,
quería estar suelo,
quería estar salpicado en mi corazón.

La verdad es tan solemne,
con un disparo de ansiedad,
nublando mis palabras.

Lléname de tinta de paz,
nitofilia de estar en la tinta del sol,
no dijo nunca nada,
nada.

La cumbre

Cumbre en la urna de mis pensamientos,
violentos como fieras de emociones en la selva sangrienta de
amor,
le robé sangre al mundo,
él me sacó sangre.

La sangre anhedonia,
la lección es una palabra,
la palabra una lección en mente.

En el jardín de los tendones

En el jardín silente,
los cerros tienen ventanas,
los silencios tienen valijas,
tienen ojos que ven lo que la noche susurra al día,
son destino.

¡Oh!, tierra de visiones, apágate y sopla mi alma
que ve a través de esos tendones visuales!
Destino de tierra mojada,
tierra mojada de mis tendones,
tendones lejanos,
tendones de olvido,
¡solo tendones!

Despiertas

Despiertas en el reflejo de la vida,
vestido del agridulce sabor amargo,
las cátedras piedras de alma arrancan mi dolor,
¡no me piensas!

Ni en el silencio, ni en los vientos,
ni en las imágenes,
tus ojos despiertan peso en mí,
enciende las tinieblas y los mares de felicidad en mis ojos,
¡actívalo!

¿Sería pedir mucho un abrazo de preguntas?
Busca el cenit,
busca el conducto de mi amor,
la llama se meció por mi corazón,
embriaga mis ojos.

El fondo

En el fondo sacro de mi corazón,
se esconde desafinadas hierbas del amor,
amor del bueno,
amor del mal,
simplemente amor.

Semillas del amor que castran,
semillas del amor que queman,
semillas de las palabras que arden,
que arden en el bismuto de mi corazón,
en el recorrido de mis venas de tinta.

No llores

No llores mi ardida palabra,
déjame entenderte,
no llores por mí, árida frustración.

Solo no llores niña amarilla,
niña azul no mojes con peces mis ojos,
niña roja no vueles sobre esos ojos.

Ata mi alma verde con la balada de la luz,
ata mis pensamientos,
acciones del rayo veloz de anhelos de seres amarillos.

¡Acciones!
¡Que te vas!
¿Mueres?
Vives y enrollas vidas,
ata mi árida vida,
¿te vas?
Ata mi nostalgia con tu palma y ciérralo.

Vi la escucha del sabor de nada,
nada el sapo teclado de mi cerebro,
misma que toma vino de mis volúmenes.

Renacuajo que revuelve aquellos sentimientos,
¡agua!
Podridos transformados,
¡agua!
Podridos sentimientos de agua.

Vuela y ¡agua! luego mueres,
solo muere...

Mentiras negras

Entre las mentiras boca perla,
se abre la visión de ella,
de los caballos de la iglesia,
peligran mi llegada bajo este plomo soldado.

No discutas entre los lentes de las crónicas cartas,
no llores mientras cocino con mi nariz una visión,
no mientas mientras mi frente tiene diamante de tu corazón negro.

Entre las hienas de la música,
veo noventa gotas.

Distancia

El métrico beso que nos dimos a distancia reveló mis pausas,
el amor que nos revelamos a distancia reveló mis penas,
¡frío helado! me quema más que tus abrazos de azufre vivo,
¡me quema! ¡mujer sol! más que la carne de tus ríos besos.

Te vestiste de mi amargura, sol sediente,
calor amargo me sopla, sopla mis besos,
me irrita la mujer luna con tacones estrella,
estrella ámame con tu fuego,
cuanto antes mujer noche.

Me podría

Me podría asilar en tu alma,
me podría beber tus palabras,
si tan solo miraras mi cavidad roja carmesí,
si tan solo, solo tan solo.

Beberías mi boca en tu cuello rojo,
en el agua ves mi efigie de mi amor,
en tus labios ves el color que debes tomar,
el tomar mis brazos con los ojos del rayo.

Amor del pez

En este labriego basto que dejaste en la reencarnación del pez amor,
el amanecer del agua murió en los dedos del amor.

No hay amor más grande que pisar tu corazón y explotarlo en una fiel alma del río.

Zeptosegundos de amor arrasan contra mi pesca,
ojos leucísticos viendo el detalle de tu verde pasto,
cabellera contra la marea de tu saliva.

Armaste mi alma y aromaste mi cerebro,
con tu suave paisaje en tus hombros,
hombros del mar calmado,
el mar.

La escritura del viento

No tenía escritura mi corazón de viento,
eran cuatro perros de vientos salvajes indomables del amor,
ves el viento balancearse sobre tu hoja mente.

Traduje el alma sin una gota fiera, sin alas de amor,
tus brazos llenos de larvas pintan pájaros en mis ojos,
mi mente era una rosa,
secándose al calor de ese recuerdo.

Existencia nada más que eso

Nada el viento,
suena tu nombre herido todo rotó en mí,
nunca verás letras estúpidas debajo del sartén humanitario.

No es más que humo,
cuando no hay más humo,
nada mi tristeza pesando más que todos los días de mi maldita
existencia,
¡mi maldita existencia!
Maldita existencia del amor.

Convirtió mis páginas latentes, bombeantes y al pasar,
se plantaron lágrimas del pecho.

¡Salva la estrella maldita!
Vientos sonoros de amor,
vientos amarillentos ácidos de desamor,
viejos, nubes de libros llenas de mentes solas de letras empozadas.

Vientos solos de puertas en formas de amor,
vientos de ventanas de lejanía en forma de mis ojos,
¡se van!
al olvido infinito.

Música pasajera

Pasaste por mi ciclón olvidado,
¿sentiste algo?
Aventuraste.

Laguna canallesca de mi textura himnario envuelta de amor
y en la oscuridad música,
¡Música!
Acorde a tu vestido,
acorde a tu alabastro corazón.

Sorprendí tus piedras vivas envueltas en tus oídos de amor,
afluente es tu amor en mi rechazo,
afluente es tu cuerpo marchito y triste,
cuando es mi ojo derecho sin ti el que te da música y pena.

Le comenté a mi cupido esmeralda,
¿qué te hacía?
No pudo reírse de ti,
¡Dios mío! Ten esto,
¡Dios mío! Hombre poco de pena en letra,
piedra blanca tallada en pena.

Asila la piedra que hace un borbotón corazón,
este cocotero de mis lágrimas,
no pereza la comba piedra ahumada de llantos fallece.

Una primera persona en el amor siempre es un franco sin cura y
fallece,
pero esta piedra ayuna mis penas, pero fallece,
siempre entonada a la vida, pero fallece.

Entre las hierbas

Entre las hierbas del amor,
el hábito del amor se esconde,
hábitos de morir púrpuramente vivo,
somos felices al rojo vino del respirar.

Somos néctar alma del transpirar,
¡sueños palmera! dos campanas sueñan al ritmo de la luz,
somos campanas dichosas de ruido,
dichosas de entendimiento,
de amargura,
de amor nostálgico.

Nos transformamos a la luz del día herido,
en la sensibilidad del coco que llora, pierde,
¡pierde amor!

Actos

Desvencije tu acto sardesco negro,
tu acto enlutado párvulo negro.

El espadachín nacido en el amor sitibundo verde,
en el acto estupor verde se transforma mis alegrías en verde.

El férreo amor que transformó miserias en cavidad de mar no
está,
el labriego que dejamos no está en el candelabro que dejaste,
solamente no está, pero vuela en el país de los ignotos verdes,
en los montes ojos verdes.

Preguntas escapatorias vivas

Lampadario frío de amor,
frío de letras,
frío de problemas.
¿Por qué te fuiste al fuego cóncavo?
¿Por qué pensaste pequeña palabra?
¿Por qué tuviste vida gurrumina palabra?
¿Por qué sostuviste este lúgubre y fúnebre hombre de cera?
¿Por qué soñaste con el sombrío amor negro que vuela en los
mares profundos?
¿Por qué nadaste en el lunario de mis prosas?

Las sombras del tiempo

Reverberar una cría del tiempo,
reverberar un canallesco amor,
son propias razones de tu luz.

Quedarse en el sosiego del tiempo
y amor es una ternura tremulante,
tu ternura luz, tu cría luz,
¡solo ternura turgente y vertiginosa!
Transfiéreme con un alfarje maldito de sombras ¡por favor!

Dichamente

Mortuorio de flores dichas,
dichas de aquellas noches,
flor vestida de la niña que baña sus nubes de sangre de plebeyas
vestidas,
¡arráncame!

Dichas de aquellas damas vestidas de perchas vivientes negras
con pétalos,
¡dichas de amor!
Dichas de aquel raído que dejaste en mí,
dichas de aquel pesebre textil mecha que explotaste en mí.

Pasaste por el recodo remanso de mis líneas tejidas de tierra
y huracanes de ojos humanos enterrados en mis terrarios.

El drugo

Viste mi drugo de ideas mujer cereza,
es solo eso,
piensa en mí, belleza tinta,
es solo eso,
más que nada nadando en el cielo,
es solo eso,
bendición león fuego, nada en mi mente,
es fuego, solo eso.

Caja y rosa

En la caja sin alma de tus melodías,
mi deseo se muta contigo en el agua rosada,
contigo veo tu enagua de fuego en una postal.

Nostalgia en las nieblas, puertas cerradas,
mártires heredados y ranas,
palomas dan vida verde a mi corazón.

Remedio verbal en la espalda,
nadar en tu iris a la vez con el aire con fiebre,
exploro en venas distraídas,
lo que se ve en el campo.

Prohibió mi presencia en el cambio de las palomas verdes,
un pecho de tu boca,
una cama o repaso del verso del pecado,
palabras mortales o habladas,
son cosechas del conocimiento de mi alma.

Demasiado pasto

Es demasiado bucólico el pasto de la vida,
las pinceladas nacen con vida al caer del vómito furioso
taladreando con la frente de uranio y los ojos de Marte,
las alas se abren y arden, ladran y queman al tiempo.

El tiempo oblicuo que se ocultó de nuestro pasado y presente,
porque yo soy el presente en texto,
porque yo soy la vida en muerte del texto,
porque yo soy el sonido del tiempo
y al mismo tiempo el pasado del viejo papel pasto.

Ese mismo que fotografió mis ojos al despertar con la lluvia del
sol,
solo pasto,
solo sol.

Venas de Luna

Las puertas de mi boca, las puertas de mis dientes,
son langostas ansiadas de agua,
agua de pesca,
agua de visiones,
agua de ti, mi amor,
dependemos de un hilo de carne,
¿quién segó la vena de la luna?

Cuando el artista vuela

Cuando el artista vuela,
cuando el artista sonríe.

Solamente solemne cuando bebe,
esas migajas preñadas de almas.

Tan solo cuando el artista vuelve,
tan solo sola,
en el velo de mis pestañas puedo ver el arte en la sangre,
bañadas de esferas de arte (llenas de zafiros musicales),
bañadas de posiciones totales,
bañadas de tan solo sola,
tan solo… si tan solo.

No quedan

No quedan más sobras de alma,
algo, es estar en tu desierto de emociones,
algo, es factorizar el amor en base,
hasta que el sol atardezca el agua,
¡hasta que la alergia del amor enfríe!

Adelgaza las pinturas de mi mente de mi rosa
y sonríe tristemente bajo mi palmera,
es imposible, la gota del imposiblemente amor,
frío amor.

Código corazón

Si la defino la limito en orquídea código,
cachetes de pasto en semillas,
prefiero estar en el hundimiento bajo que nunca despierta,
¿él te quiero? ¿Despertó?
Debe salir de la saliva del corazón,
procesión de los hipócritas,
puras caras verdes.

Estrella desmaquillante

Siento como el hilo de sangre se desvanece,
despedidas de aves sueltas al pincel heridas despechadas de rojo
orden.

A través del luto de tus labios carne,
a través del bulo de tus labios madera, metal y algodón.
Travesías del viento me diste,
que el viento borró tu sonrisa.

Borró el papiro de mis sentimientos escritos de bellas líneas, pero
las ahogaste,
la sangre congela cuando ves a tu beso,
la letra congela cuando ves a tu alguien,
ese alguien... ¿por qué?

Te di ojos, me disté sombra,
te di algo, me disté un férreo tiempo malgastado, en fin.

Los colores lloran por los ojos del cerebro

Mis ojos son pájaros sin huellas,
mis hombros son linternas con oscuridad,
me convierten en piedra de gas y mares.

Los colores lloran,
los colores son pacientes a mis tonos alma,
tonos de mi cerebro en pedazos.

El color noche y las mariposas vuelan en el alto tiempo negro,
en el alto color del cerebro tiempo,
sincretismo del vuelo cerebro,
apasionados tiempos.

Naranja melón triste por mi árbol

Naranja melón triste asórdese esta chica azul que nada en la luna,
que nada en el sol, solamente es algo solamente,
ella pide ser sol, pero no puede, pierde calor, pierde mar, pierde
azul.

Amargura del ojo volador

Solo en el ojo más puro,
se grita, ¡yo mi boca! bismuto,
se grita, ¡yo mi nariz perla!

Demasiadas preguntas,
demasiada poesía desclava mis aires,
él se guarda despintado,
airoso, triste y sobre todo pintado en ojo, pintando en penas y
acordes soleados.

Envuelta nomás

Te colgaré sobre mi sábana alma,
lana envuelta de principios de amor,
sobre mi cornisa ventana viento de mi caparazón.

Sardina de mis lenguas salpican el amor verdadero,
llenos de implantes, nacen gotas, nacen barcos en el corazón.

En mi yunque,
en la pera del saber húmeda,
en la pesca del nuevo puerto de los chicos llorosos,
de las chicas con pena que no cosen.

Lloras hoy,
lloras mañana,
sin embargo, recuerda la gota de mis vivos,
recuerda la última pena y la última alegría juntos,
transformados en lo último que se tragó tu ojo en la cena del
infierno.

Solo estoy solo,
pero la cena me está esperando.

Te extraño

Te extraño, querida noche del veinte veinte,
ese ballet que se alegró en la tarde con sombrero y piernas.

Te extraño como los hombres pintan que fueran los colores dardos del cupido del fútbol en fusión a la ilusa mesa dineral en el arriba veinte veinte.

Te extraño como la portería inmensa de un divorcio de viejillos.

Más que todo extraño los besos del sol,
los besos de las paredes,
los besos de aquella luz artificial del amor.

Te extraño como la luz del pez extraña al oscuro mar,
te extraño como el error extraña al humano.

Extraño como Dios extraña al pecado a la misma vez,
de un entrenamiento del corazón.

Viaje interior del pulmón Venus que nunca quema ni habla

La luna dijo que este era mi nombre,
el sol discutió sobre mi sonrisa,
al final la existencia realmente es amor,
la existencia es indiferencia.

Qué fácil es quedarse en ella,
ella dijo que devolver el corazón es también amar,
hablar sobre amor rico en proteínas de almas es amar.

Las víctimas sin alma menos corazón enlatado es un asalto matadero mortal,
las víctimas de llantos enamorándose es muy suicida,
las víctimas de zapatos corredores sin corazón es mortal.

Esa noche busqué a mi lado evitativo, quemadero y olvidadizo,
esa tarde busqué al sol y luna,
murió la tarde,
murió ella.

El vino

Llorar es de cantares rojos,
yo aquí he medido la neblina de mis bajos abismos con las paredes embrujadas.

Llorar es de domeñar la lengua de mis bajos instintos,
yo aquí pienso que su piel es más bella que el vino derretido por mis ojos.

¡Salen de mis manos rayos celestes!
Yo aquí he medido tu corazón con el litro del vino a favor de sangre,
¡intercambio del vampiro!

La migraña que no duerme

Es un silbido ungüento maquiavélico,
es una migraña dormida de un amor no sabido, perezoso y dicho-
so de no amar.

Se anuncia como el día, de esos asquerosos con patas,
pero basta con saber los mismos minutos que cobran vida,
saben que no, saben que son insectos humanos,
pero sabido de la flor solitaria podrida.

¿Creerás su badajear?
El mismo olor a hombre dicha,
¿creerás en su olor?
El mismo que el sol diseño.

El lapicero de Dios

Dios grande,
¡eres miel!
¡Eres agua, de la que nunca hay!
Entre esta dicha te doy todo esto,
si no veo, tú la despiertas,
si no la veo, pintas verbo.

Tus hombres deben ser perfumes flotantes,
tus hombres deben ser caballos,
tus hombres deben orar por los minutos cúbicos llenos de vida,
llenos de músculo y de fe.

Tus hombres frenan el canibalismo de mis penas,
tus hombres matan la fe, destrozan y cuidan su propia coraza.

Comer de las cenas falsas, máscaras con faldas

¿Qué es una vianda sin corazón?
¿Qué es la vida misma sin ese pecho congelado?
Sin esas emociones.

¿Qué será no?
¿El que no será no?
Países, ríos y montañas más que siempre,
llenos de peces están mis ojos más que siempre,
me duele la música.

Me duele la vianda que entregan en el alma,
me duele esta misma por mis penas.

Hay un cielo que te cambia,
un maratón que te quema en la programación de la vida,
una que no necesita ni remar.

Árboles de cristal

Amo tu ciprés de cerebros que implantas en mí, rey de mares y
árboles,
amo esa cobardía tuya, amada.

Sé mi viga de mi alma,
amada, con Dios, vino y la música.

¿Quién no germina emociones?
¿Quién vino a implantar vacíos?
Corrientes ajenas nunca serán amadas,
rayos increíbles de mis labios se condenan a estar solos.

El amor del mal vivir

Como el corazón entre los mortales teñidos,
así es mi amiga entre tanto,
como las espinas entre los rebaños,
así es la convertida.

Como las gotas entre los lirios inmensos de amar,
así es mi futura, ella.

Como el grito de un ángel,
así se siente su amor.

Amor real

Amor de encaje,
amor, yo miro a la derecha esperando tus brazos piloteando mi
iris,
yo espero tu derecha se convierta en mi izquierda y así.

Amor, yo deseo respirar el perfume de tu risa y cuerpo siempre,
yo espero tener un diamante acorde a tu pelo, acorde a tu rima y
tu labia perla.

Amor, yo espero llevarte a todos los lugares cantados por mi alma,
yo espero la tibieza de tus costillas encarnadas en el salvaje
momento.

Amor, yo te deseo como eres.

Epílogo

En cuanto termines esto, espero que sientas que has pasado por mí, en mis pensamientos y emociones. Hay un círculo negro vasto que no todos pueden ver; esta vez quise dejarlas ir, también los círculos rojos y blancos de mi alma y corazón.

En este libro, cada poema ha sido una gota de mi alma, de mi vida, de todo y poco, una melodía, una puerta, mi silencio y un fuego verde raro de mis encuentros con la vida y las nubes que algún día escribí.

Busco capturar la efímera belleza de los momentos cotidianos, explorar las complejidades tristes de las relaciones humanas y sumergirme en las constelaciones de cada soledad y la esperanza de esos amores. Este viaje poético ha sido mi pasaje de ida sin regreso a dar forma a las sombras oscuras de mi corazón.

Quiero compartir contigo la sensación que siento por cada lector que ha dedicado tiempo a explorar este rincón de mi mundo. A mis inspiraciones encantadas, de vidrio y de papel, hasta de fuego, hielo y de carne.

Agradecimientos

Quisiera expresar mi profundo agradecimiento a todas las personas que han sido parte fundamental de mi camino y han contribuido de diversas maneras a mi crecimiento personal y profesional. Sus apoyos y enseñanzas han dejado huellas imborrables en mi vida, ya sean de amor, futuro o compromiso. Romper esos lazos para abrirme y romper los vidrios de mis ojos es una forma de decir adiós a estas llamaradas palabras.

En primer lugar, a mi familia, por ser mi mayor fuente de amor, aliento y apoyo incondicional. Su constante respaldo ha sido el cimiento y castillo sobre el cual he construido mis sueños y aspiraciones. Gracias por el apoyo económico y ético, por la educación de sus palabras, las gestiones sobre mi presente y, sobre todo, por el cariño.

Agradezco también a aquellos que, de alguna manera, han influido en mi desarrollo artístico y literario, sea para bien o mal, porque no existe bien o mal cuando susurras el viento en tus caídas, mi querido lector. Mis errores y el estímulo constante han sido motores para mi creatividad.

Finalmente, agradezco a todos aquellos que han sido parte de mi historia, incluso en los momentos difíciles, ya que cada experiencia ha contribuido a mi fortalecimiento y aprendizaje. En especial, agradecer a la Música y al amor cruel. Este viaje no ha sido solo mío, sino de todos aquellos que han compartido este camino: cada lector que me está viendo, cada persona que esté en su casa una noche tarde o incluso en una madrugada leyéndome, los quiero en las tormentas y en los rayos más temibles.

Gracias a Dios. Gracias especialmente, solo gracias.

Lecturas recomendadas

Sentimientos (María Laura Bove)

Todas las manos (Mario Rucci)

Realidades (Carolina Salazar)

Ave fénix. Poesía inspirada (Adrián Cerratto Quintana)